Círculo Rojo
EDITORIAL

La Tata y el monstruo dentro de casa

La Tata y el monstruo dentro de casa

Antonia Elises Cabrero

Círculo Rojo
EDITORIAL

Versión del cuento para niños entre 6 a 8 años

Primera edición: marzo 2024

Depósito legal: AL 502-2024

ISBN: 978-84-1061-823-7

Impresión y encuadernación: Editorial Círculo Rojo

© Del texto: Antonia Elises Cabrero
© Maquetación y diseño: Equipo de Editorial Círculo Rojo
© Ilustraciones: Mireia Vila Orellana

Editorial Círculo Rojo
www.editorialcirculorojo.com
info@editorialcirculorojo.com

Impreso en España — Printed in Spain

Este cuento se lo dedico a mis hermanos. Con él he podido reconciliarme desde el alma.

Espero que sirva para recomponer los trozos rotos y que podamos algún día juntarnos y seguir contándonos historias con tres palabras.

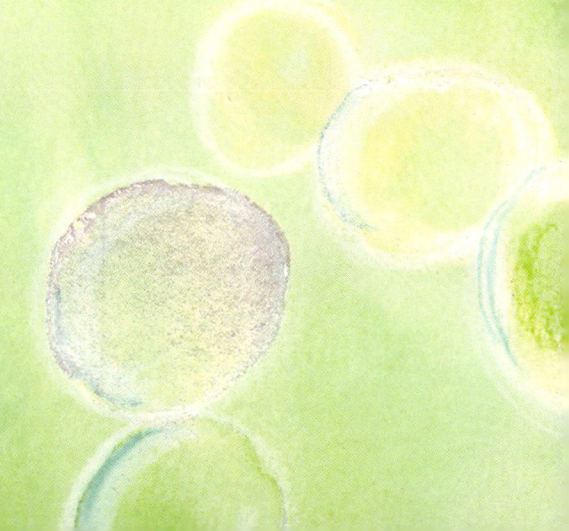

Quiero agradecer a mi querido compañero de vida, Josep, y, sobre todo, a mis queridos hijos Álvaro y Pol; sin ellos, este cuento no tendría sentido, pues me han dado la valentía para poder acabarlo.

Gracias a las personas maravillosas que han pasado por mi vida y me han ayudado a ver el mundo de colores y no en blanco y negro.

No podría nómbralas porque necesitaría un cuento entero, ellas ya saben quiénes son.

Esta es la historia de Tata y el monstruo de dentro de su casa.

Tata era una niña larguirucha, con la cara dibujada de pecas y unos ojitos alegres. Tenía un gran mundo interior y con su imaginación creaba una vida llena de fantasía donde se convertía en hada y volaba. Cuando soñaba, escapaba de la realidad y del monstruo.

Existían dos Tatas: la niña alegre, divertida y risueña a la que le encantaba hacer volteretas y saltar en el patio del colegio. Y la otra; la niña triste, con miedo, que llegaba a su casa después de clase. ¿Sabéis por qué? En casa le esperaba el monstruo.

A Tata le encantaba inventar historias. Por la noche, juntaba a sus hermanos en su habitación y,
mientras todos estaban apelotonados en su pequeña
cama, ella les narraba un cuento. El mayor se lla-
maba Pepo. Eran iguales (podían pasar por gemelos).
Pepo era un niño miedoso e inseguro que también se
ponía triste cuando llegaba a casa.

Tata se inventaba un juego. Cada uno le decía una palabra y con esas tres palabras imaginaba un cuento: cada noche uno diferente. A Teo, un niño rubio y con ojos verdes, le encantaba este juego. Adoraba a los animales y siempre le pedía que participara su perrito Tom. Como Marita solo tenía un año, se recostaba en los brazos de Tata, y Teo aprovechaba y decía dos palabras.

Lo peor era cuando sus hermanos se iban a sus camas y Tata y Marita se quedaban solas. Entonces, en la oscuridad, las visitaba el monstruo. Tata no entendía por qué el monstruo entraba en su habitación. El monstruo la tocaba con sus manos frías, enormes y llenas de pelos. Luego, se ponía encima de ella. Sin poder defenderse ni liberarse, con mucho miedo y temblando, cerraba sus ojitos, se convertía en un hada y escapaba volando por la ventana de la habitación.

Tata no sacaba buenas notas en el colegio, era una niña que no prestaba atención, se dormía apoyada en su mesa. ¿Adivinas por qué? Tata se pasaba las noches sin dormir porque le visitaba el monstruo.

El colegio de Tata era un edificio de tres plantas alto y estrecho. En la última planta era donde tenían el patio, allí hacían gimnasia. Tata era feliz jugando con sus amigos. Tenía muchos, ella era muy querida por todos. Siempre defendía a los más débiles. ¿Será porque ella era uno de ellos?

Con sus amigos era todo corazón, divertida, siempre con ganas de aventuras y juegos. Tata, en el colegio, era tremendamente feliz.

Gimnasia era la única asignatura en la que Tata sacaba buenas notas. En ese gran patio corría, hacía el pino y saltaba al potro. Con su imaginación, siempre se convertía en un caballo.

Tata adoraba a su profesor de gimnasia, era alto, fuerte y con una gran sonrisa. Sus dientes blancos relucían cuando les daba el sol.

Un buen día, Tata descubrió un mundo nuevo. Se quedó a dormir en casa de sus queridas amigas: dos hermanas morenas, vestidas de azul y siempre sonrientes. Cuando se fue a dormir, empezó a temblar esperando al monstruo. Pasaron las horas y no apareció. Descubrió que el monstruo esa noche no vendría. ¡Qué alegría!, ¡el monstruo se había marchado!

Al volver a casa, por la noche, se metió en la cama, apagó la luz y el monstruo apareció de nuevo con sus manos frías, enormes y peludas. «¿Cómo puede ser? Si ayer no estaba...». Entonces, asustada, se dio cuenta de que el monstruo solo vivía en su casa. Tata, triste, supo que el monstruo no le dejaría en paz.

Al día siguiente, en el colegio, su profesor de gimnasia se dio cuenta de que algo no iba bien. Tata, una niña alegre cuando estaba junto a sus amigos, se volvía callada y triste cuando salía del colegio. También notó que cuando la tocaba para corregirla, ella daba un salto, se apartaba y temblaba.

Su papá era un señor alto, delgado, con un gran bigote y gafas doradas. Tenía las manos grandes y peludas. Su papá, fuera de casa, era un señor amable, educado y alegre. En cambio, en casa, era un padre duro y violento que utilizaba su poder para atemorizar a sus hijos.

Un día, su querido profesor la llamó a la hora del patio y le dijo que le contara su secreto, que confiara en él, que la ayudaría. Tata le contó su secreto, el del monstruo en su habitación. Estaba tan asustada que se hizo pipí encima. Él reunió a todos los profesores y juntos hablaron con su mamá. Le explicaron que sabían quién era el monstruo de su habitación. Su mamá y el profesor se unieron para acabar con él. Lo lograron. Ya nunca más volvería a colarse en su habitación por las noches.

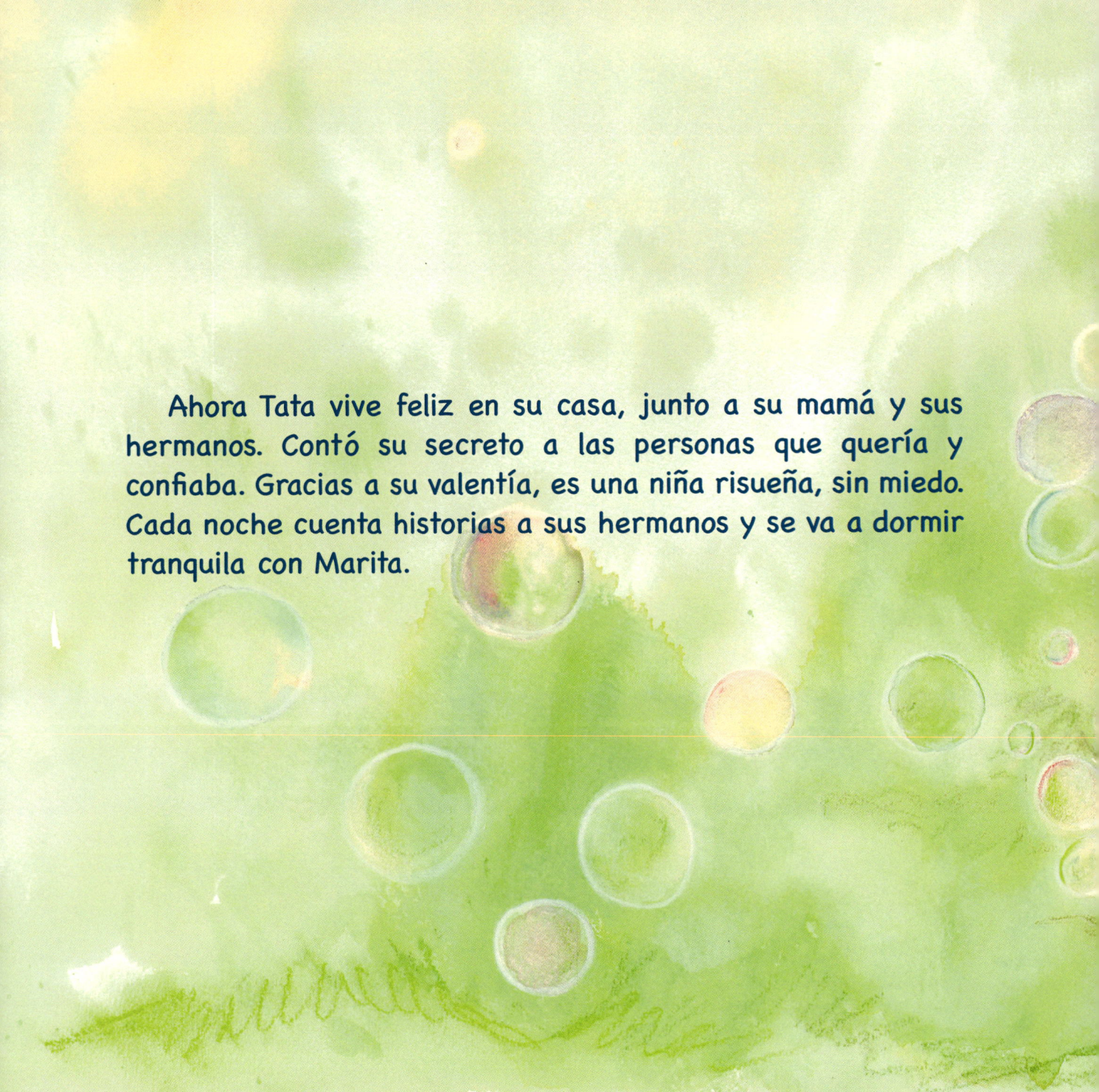

Ahora Tata vive feliz en su casa, junto a su mamá y sus hermanos. Contó su secreto a las personas que quería y confiaba. Gracias a su valentía, es una niña risueña, sin miedo. Cada noche cuenta historias a sus hermanos y se va a dormir tranquila con Marita.

Sed valientes y contad vuestro secreto a las personas en las que confiéis. De esta manera acabaremos con todos los monstruos de nuestra habitación.

Biografía

Tata es mi historia, mi infancia, la mirada vista hacia atrás de la mujer que hoy soy.

Tuve el valor de escribir este cuento el día que murió mi padre, momento en que me di cuenta de que lo amaba y lo perdoné.

Sé que, si pasé por ese proceso, es porque lo tenía que convertir en mi propósito de vida, para ayudar a niños que están pasando por lo mismo y que después de leerlo puedan levantar la mano para pedir ayuda.

Mi misión es divulgarlo en colegios, hospitales, bibliotecas y cualquier otro entorno donde pueda haber un niño que necesite ayuda, narrando la historia de Tata.

Si consigo salvar solo a uno de ellos habrá valido la pena este cuento.

Círculo Rojo
EDITORIAL